Todos los libros de Linkgua Ediciones cuentan con modelos de Inteligencia Artificial entrenados por hispanistas. Pregúntale al chat de tu libro lo que desees acerca de la obra o su autor/a.

Para ebooks: Accede a nuestro modelo de IA a través de un enlace.

Para libros impresos: Escanea el código QR de la portada con tu dispositivo móvil.

Obtén análisis detallados de nuestros libros, resúmenes, respuestas a tus preguntas y accede a nuestras ediciones críticas generativas para una experiencia de lectura más enriquecedora.
La transparencia y el respeto hacia la autoría de las fuentes utilizadas son distintivos básicos de nuestro proyecto. Por ello, las respuestas ofrecen, mediante un sistema de citas, las fuentes con las que han sido elaboradas.

# Nezahualcóyotl

# Poemas

Barcelona 2025
Linkgua-ediciones.com

# Créditos

Título original: Poemas.

© 2025, Red ediciones S.L.

email: info@linkgua.com

Diseño de la colección: Michel Mallard.

ISBN rústica ilustrada: 978-84-9816-916-4.
ISBN tapa dura: 978-84-1126-040-4.
ISBN ebook: 978-84-9953-405-3.

# Sumario

# Brevísima presentación

## La vida

Nezahualcóyotl (28 de abril (según otras fuentes, el 4 de febrero) 1402, Texcoco-1472). México.

Era hijo del sexto señor de los chichimecas y de la princesa mexica Matlalcihuatzin, hija del rey azteca Huitzilíhuitl, segundo señor de Tenochtitlán. Al nacer, fue llamado Acolmiztli pero más tarde se cambió el nombre por el de Nezahualcóyotl que significa «coyote que ayuna».

A los dieciséis años, se enfrentó a la invasión tepaneca, encabezada por Tezozómoc, señor de Azcapotzalco. Nezahualcóyotl escapó y se fue a Tlaxcala. Con diplomacia organizó la llamada «Triple Alianza», vengó la muerte de su padre y recuperó el trono. Su formación intelectual le dio una gran sensibilidad estética y un amor por la naturaleza, que se reflejaron en la arquitectura de la ciudad, y en su obra poética y filosófica.

Algunos historiadores afirman que Nezahualcóyotl desarrolló una filosofía que planteaba la existencia de un solo dios llamado Tloquenahuaque.

Nezahualcóyotl murió 1472, y fue sucedido por su hijo Nezahualpilli, quien gobernó la ciudad hasta 1516.

## Las fuentes

Solo hay treinta y cuatro poemas atribuidos con certeza a Nezahualcóyotl: 10 se encuentran en *Cantares mexicanos* y

24 en *Romances de los señores de la Nueva España.*[1] Tam-

1 *Cantares mexicanos*
    A.1 Memoria de los reyes
    A.2 Dolor y amistad
    A.3 Angustia ante la muerte
    A.4 El Árbol Florido A.4.1 Nikitoa (Yo lo pregunto)
    A.5 Poemas de Yoyontzin
    A.6 Poema de rememoración de héroes A.6.1 Nitlayocoya (Estoy triste)
    A.7 Deseo de persistencia
    A.8 Icuic in Acolhuacan in Nezahualcoyottzin (Canto de Nezahualcóyotl de Acolhuacan)
    A.9 En buen tiempo vinimos a vivir
    A.10 ¿Can nelpa tonyazque? (¿A dónde iremos?)
2 *Romances de los señores de la Nueva España*
    B.1 Poneos en pie / Poneaos de pie
    B.2 El poder grande del criador / Nos enloquece el Dador de la Vida
    B.3 Deleitaos / Alegraos
    B.4 Nos ataviamos, nos enriquecemos 2.4.1 Lo comprende mi corazón
    B.5 A lo divino gentílico / ¿Eres tú verdadero (tienes raíz)?
    B.6 Solo él / Solamente él
    B.7 Es un puro jade
    B.8 Ay de mí
    B.9 Canto de la huida
    B.10 Comienzo a cantar
    B.11 Pongo enhiesto mi tambor
    B.12 Con flores negras veteadas de oro
    B.13 Tú, ave azul, tú lúcida gaucamaya
    B.14 Cual joyeles abren sus capullos
    B.15 Nos atormentamos
    B.16 Ay, solo me debo ir
    B.17 Como una pintura nos iremos borrando
    B.18 Esmeraldas, oro...!
    B.19 Ponte en pie, percute tu atabal
    B.20 Canto de primavera
    B.21 Comienza ya...
    B.22 Los cantos son nuestro atavío
    B.23 Mientras que con escudos...
    B.24 Esmeraldas, turquesas

bién se le atribuyen varios poemas recogidos en la *Historia chichimeca* traducidos por Alva Ixtlilxochitl.

Un bisnieto de Nezahualcóyotl, Juan Bautista Pomar (mestizo tal vez y originario de Texcoco), escribió su *Relación de Texcoco* para informar al rey Felipe II del estado y la historia de sus territorios. Pomar terminó su libro en marzo de 1582 —exposición muy valiosa del «ambiente histórico y cultural» de este antiguo señorío— y le agregó un capítulo que llamó *Romances de los señores de la Nueva España*. Se trata de una recopilación de antiguos poemas nahualts. Se dice que fue fray Bernardino de Sahagún quien encargó este documento. El manuscrito tiene 42 folios, con 60 poemas agrupados por sus zonas de procedencia: Texcoco, Chalco, Huexotzinco, Triple Alianza.

Más allá de las polémicas sobre qué poemas se pueden atribuir a ciencia cierta a Nezahualcóyotl, hemos confeccionado la siguiente antología basados sobre todo en las ediciones y traducciones de Garibay, y teniendo en cuenta el ingente trabajo de López-Portilla.

# Poemas

# Dolor y amistad[2]

No hago más que buscar,
no hago más que recordar a nuestros amigos.
¿Vendrán otra vez aquí?,
¿han de volver a vivir?
¡Una sola vez nos perdemos,
una sola vez estamos en la tierra!
No por eso se entristezca el corazón de
    alguno:
al lado del que está dando la vida.
Pero yo con esto lloro,
me pongo triste; he quedado huérfano en la
    tierra.
¿Qué dispone tu corazón, Autor de la Vida?
¡Que se vaya la amargura de tu pecho,
que se vaya el hastío del desamparo!
¡Que se pueda alcanzar gloria a tu lado,
oh dios... pero tú quieres darme muerte!
Puede ser que no vivamos alegres en la tierra,
pero tus amigos con eso tenemos gozo en la
    tierra.
Y todos de igual modo padecemos
y todos andamos con angustia unidos aquí.
Dentro del cielo tú forjas tu designio.
Lo decretarás: ¿acaso te hastíes
y aquí nos escondas tu fama y tu gloria
en la tierra?
¿Qué es lo que decretas?
¡Nadie es amigo del que da la vida,

2 *Cantares mexicanos*, f 13 r y v.

oh amigos míos, águilas y tigres!
¿A dónde iremos por fin
los que estamos aquí sufriendo, oh príncipes?
Que no haya infortunio:
Él nos atormenta, él es quien nos mata:
Sed esforzados: todos nos iremos
al Lugar del Misterio.
Que no te desdeñe
aunque ande doliente ante el Dador de la
    Vida:
él nos va quitando, él nos va arrebatando
su fama y su gloria en la tierra.
Tenedlo entendido:
tendré que dejaros, oh amigos, oh príncipes.
Nadie vale nada ante el Dador de la Vida,
él nos va quitando, él nos va arrebatando
su fama y su gloria en la tierra.
Lo has oído, corazón mío,
tú que estás sufriendo:
atiende a nosotros, míranos bien:
Así vivimos aquí ante el Dador de la Vida.
No por eso mueras, antes vive siempre en la
    tierra.

# El Árbol Florido[3]

Primer Poeta

> Ya se difunde, ya se difunde nuestro canto.
> En medio de joyas, en medio de oro
> se ensancha el Árbol Florido.
> Ya se estremece, ya se esparce.
> ¡Chupe miel el quetzal,
> chupe miel la dorada guacamaya!
>
> Tú te has convertido en Árbol Florido:
> abres tus ramas y te doblegas,
> te has presentado ante el Dador de Vida:
> en su presencia abres tus ramas:
> nosotros somos variadas flores.
>
> Perdura aun allí,
> abre tus corolas aún en esta tierra.
>
> Si tú te mueves caen flores:
> eres tú mismo el que te esparces.

Nezahualcóyotl

> No acabarán mis flores,
> no acabaran mis cantos:
> yo los elevo: soy un cantor.
>
> Se esparcen, se derraman,

3 *Cantares mexicanos*, f 16 v - 17 r.

amarillecen las flores:
son llevadas al interior de lo dorado.
Flores de cuervo, flores de manita
tú esparces, tú haces caer
en medio de las flores.
Ah sí: yo soy feliz,
yo el príncipe Nezahualcóyotl
juntando estoy joyas, anchos penachos de
    quetzal,
estoy contemplando el rostro de los jades.
¡Son los príncipes!
Viendo estoy el rostro de águilas y tigres,
estoy contemplando el rostro de jades y joyas.

Primer Poeta


El resplandor de una ajorca cuajada de jades:
eso es vuestra palabra y vuestro pensamiento,
oh vosotros, reyes, Moctecuzomantzin y
    Nezahualcoyotzin:
y tendréis que dejar huérfanos alguna vez a
    vuestros vasallos.

Ahora, sed felices al lado, a la vera del que da la
    vida,
¡no por segunda vez se es rey en la tierra:
tendréis que dejar huérfanos alguna vez a
    vuestros vasallos!

Ahora sé feliz, ahora engalánate,
tú, príncipe Nezahualcóyotl:

toma para ti las flores de aquel por quien
    vivimos.

Va a cansarse, va a hastiarse aquí:
alguna vez ocultará su gloria y su renombre.
por muy breve tiempo se dan en préstamo, oh
    príncipes.

Ahora sé feliz, ahora engalánate
tú, príncipe Nezahualcóyotl:
toma para ti las flores de aquel por quien
    vivimos.

Piensa Nezahualcóyotl:
Que allá solamente es la casa del autor de la
    vida:
Solo anda tomando el trono y el solio,
solo está andando la tierra y el cielo.
Allá será feliz y dará su dicha.

Nezahualcóyotl

Nos iremos, ay... ¡gozaos!
Lo digo yo Nezahualcóyotl.

¿Es que acaso se vive de verdad en la tierra?
¡No por siempre en la tierra,
solo breve tiempo aquí!
Aunque sea jade, también se quiebra;
Aunque sea oro, también se hiende,
y aun el plumaje del quetzal se desgarra:
¡No por siempre en la tierra,
solo breve tiempo aquí!

## Yo lo pregunto[4]


Yo Nezahualcóyotl lo pregunto:
¿Acaso de veras se vive con raíz en la tierra?
Nada es para siempre en la tierra:
solo un poco aquí.
Aunque sea de jade se quiebra,
aunque sea de oro se rompe,
aunque sea plumaje de quetzal se desgarra.
No para siempre en la tierra:
Solo un poco aquí.


4  *Cantares mexicanos*, f 17 r.

<h1 style="text-align:center">Deseo de persistencia[5]</h1>

Yo ave del agua floreciente duro en fiesta.
Soy un canto en el ancho cerco del agua,
anda mi corazón en la ribera de los hombres,
voy matizando mis flores,
con ellas se embriagan los príncipes.
Hay engalanamiento.

Estoy desolado, ay, está desolado mi corazón;
yo soy poeta en la Ribera de las Nueve
    Corrientes,
en la tierra del agua floreciente.
Oh mis amigos, sea ya el amortajamiento.

Me pongo collar de redondos jades,
como soy poeta, este es mi mérito,
reverberan los jades: yo me jacto de mi canto,
Embriaga mi corazón. ¡Que allá en la tierra
    florida
sea amortajado!

Cuando canto sufro en la tierra,
soy poeta y de dentro me sale la tristeza.
Embriaga mi corazón. ¡Que allá en la tierra
    florida
sea amortajado!

Dejaré pintada una obra de arte,
soy poeta y mi canto vivirá en la tierra:

5 *Cantares mexicanos*, f 31 r y v.

con mi canto seré recordado, oh mis oyentes,
me iré, iré a desaparecer,
seré tendido en estera de amarillas plumas,
y llorarán por mí las ancianas,
escurrirá el llanto mis huesos como florido
    leño
he de bajar al sepulcro, allá en la ribera de las
    tórtolas.

Ay, sufro, oyentes míos,
el dosel de plumas, cuando yo sea llevado
allá en Tlapala se volverá humo.
Me iré, iré a desaparecer,
seré tendido en estera de plumas amarillas
y llorarán por mí las ancianas.

# Canto de Nezahualcóyotl de Acolhuacan[6]

Con que saludó a Moctezuma el grande, cuando estaba éste
enfermo.

> Miradme, he llegado.
> Soy blanca flor, soy faisán,
> se yergue mi abanico de plumas finas,
> soy Nezahualcóyotl.
> Las flores se esparcen,
> de allá vengo, de Acolhuacan.
> Escuchadme, elevaré mi canto,
> vengo a alegrar a Moctezuma.
> ¡Tatalilili, papapapa, achala, achala!
>
> ¡Que sea para bien!
> ¡Que sea en buen momento!
> Donde están erguidas las columnas de jade,
> donde están ellas en fila,
> aquí en México,
> donde en las oscuras aguas
> se yerguen los blancos sauces,
> aquí te merecieron tus abuelos,
> aquel Huitzilíhuitl, aquel Acamapichtli.
> ¡Por ellos llora, oh Moctezuma!
> Por ellos tú guardas su estera y su solio.
> Él te ha visto con compasión,
> él se ha apiadado de ti, ¡oh Moctezuma!
> A tu cargo tienes la ciudad y el solio.
>
> Un coro responde:

6 *Cantares mexicanos*, f 66 v - 67 r.

Por ello llora, ¡Oh Moctezuma!
Estás contemplando el agua y el monte, la
    ciudad,
allí ya miras a tu enfermo,
¡oh Nezahualcóyotl!
Allí en las oscuras aguas,
en medio del musgo acuático,
haces tu llegada a México.
Aquí tú haces merecimiento,
allí ya miras a tu enfermo.
Tú, Nezahualcóyotl.

El águila grazna,
el ocelote ruge,
aquí es México,
donde tú gobernabas Itzcóatl.
Por él, tienes tú ahora estera y solio.
Donde hay sauces blancos
Solo tu reinas.
Donde hay blancas cañas,
donde se extiende el agua de jade,
aquí en México.

Tú, con sauces preciosos,
verdes como jade,
engalanas la ciudad,
la niebla sobre nosotros se extiende,
¡que broten flores preciosas!
¡que permanezcan en vuestras manos!
Son vuestro canto, vuestra palabra.
Haces vibrar tu abanico de plumas finas,
lo contempla la garza

lo contempla el quetzal.
¡Son amigos los príncipes!

La niebla sobre nosotros se extiende,
¡que broten flores preciosas!
¡que permanezcan en vuestras manos!
Son vuestro canto, vuestra palabra.
Flores luminosas abren sus corolas,
donde se extiende el musgo acuático,
aquí en México.
Sin violencia permanece y prospera
en medio de sus libros y pinturas,
existe la ciudad de Tenochtitlán.
Él la extiende y la hace florecer,
él tiene aquí fijos sus ojos,
los tiene fijos en medio del lago.

Se han levantado columnas de jade,
de en medio del lago se yerguen las columnas,
es el Dios que sustenta la tierra
y lleva sobre sí al Anáhuac
sobre el agua celeste.
Flores preciosas hay en vuestras manos,
con verdes sauces habéis matizado a la
   ciudad,
a todo aquello que las aguas rodean,
y en la plenitud del día.
Habéis hecho una pintura del agua celeste,
la tierra del Anáhuac habéis matizado,
¡oh vosotros señores!
A ti, Nezahualcóyotl,
a ti, Moctezuma,

el Dador de la Vida os ha inventado,
os ha forjado,
nuestro padre, el Dios,
en el interior mismo del agua.

## ¡En buen tiempo vinimos a vivir!...[7]

¡En buen tiempo vinimos a vivir,
hemos venido en tiempo primaveral!
¡Instante brevísimo, oh amigos!
¡Aun así tan breve, que se viva!

Yo soy Yoyontzin: aquí se alegran nuestros
    corazones,
nuestros rostros:
hemos venido a conocer vuestras bellas
    palabras.
¡Instante brevísimo, oh amigos!
¡Aun así tan breve, que se viva!

7 *Cantares mexicanos*, f 69 r.

# ¿A dónde iremos?[8]

¿A dónde iremos
donde la muerte no existe?
Mas, ¿por esto viviré llorando?
Que tu corazón se enderece:
aquí nadie vivirá por siempre.
Aun los príncipes a morir vinieron,
los bultos funerarios se queman.
Que tu corazón se enderece:
aquí nadie vivirá para siempre.

8 *Cantares mexicanos*, f 70 r.

# Poneos de pie[9]

¡Amigos míos, poneos de pie!
Desamparados están los príncipes,
yo soy Nezahualcóyotl,
soy el cantor,
soy papagayo de gran cabeza.
Toma ya tus flores y tu abanico.
¡Con ellos ponte a bailar!
Tú eres mi hijo,
tú eres Yoyontzin.
Toma ya tu cacao,
la flor del cacao,
¡que sea ya bebida!
¡Hágase el baile,
comience el dialogar de los cantos!
no es aquí nuestra casa,
no viviremos aquí
tú de igual modo tendrás que marcharte.

9 *Romances de los señores de la Nueva España*, f 3 v - 4 r.

## Nos enloquece el Dador de la Vida[10]

No en parte alguna puede estar la casa del
  inventor de sí mismo.
Dios, el señor nuestro, por todas partes es
  invocado,
por todas partes es también venerado.

Se busca su gloria, su fama en la tierra.
Él es quien inventa las cosas,
él es quien se inventa a sí mismo: Dios.
Por todas partes es también venerado.
Se busca su gloria, su fama en la tierra.

Nadie puede aquí,
nadie puede ser amigo
del Dador de la Vida;
solo es invocado,
a su lado,
junto a él,
se puede vivir en la tierra.

El que lo encuentra
tan solo sabe bien esto: él es invocado;
a su lado, junto a él,
se puede vivir en la tierra.

Nadie en verdad
es tu amigo,
¡oh Dador de la Vida!

10 *Romances de los señores de la Nueva España*, f 4 r - 5 r.

Solo como si entre las flores
buscáramos a alguien,
así te buscamos,
nosotros que vivimos en la tierra,
mientras estamos a tu lado.

Se hastiará tu corazón,
solo por poco tiempo
estaremos junto a ti y a tu lado.

Nos enloquece el Dador de la Vida,
nos embriaga aquí.

Nadie puede estar acaso a su lado,
tener éxito, reinar en la tierra.

Solo tú alteras las cosas,
como lo sabe nuestro corazón:
nadie puede estar acaso a su lado,
tener éxito, reinar en la tierra.

# Alegraos[11]

Alegraos con las flores que embriagan,
las que están en nuestras manos.
Que sean puestos ya
los collares de flores.
Nuestras flores del tiempo de lluvia,
fragantes flores,
abren ya sus corolas.
Por allí anda el ave,
parlotea y canta,
viene a conocer la casa de dios.
Solo con nuestros cantos
perece vuestra tristeza.
Oh señores, con esto,
vuestro disgusto de disipa.
Las inventa el Dador de la Vida,
las ha hecho descender
el inventor de sí mismo,
flores placenteras,
con ellas vuestro disgusto se disipa.

11 *Romances de los señores de la Nueva España*, f 19 r.

## Nos ataviamos, nos enriquecemos...[12]

Nos ataviamos, nos enriquecemos...
con flores, con cantos:
esas son las flores de la primavera:
¡con ellas nos adornamos aquí en la tierra!

Hasta ahora es feliz mi corazón:
oigo ese canto, veo una flor:
¡que jamás se marchite en la tierra!

12 *Romances de los señores de la Nueva España*, f 19 r.

**¿Eres tú verdadero...?**[13]

¿Eres tú verdadero (tienes raíz)?
Solo quien todas las cosas domina,
el Dador de la Vida.
¿Es esto verdad?
¿Acaso no lo es, como dicen?
¡Que nuestros corazones
no tengan tormento!
Todo lo que es verdadero,
(lo que tiene raíz),
dicen que no es verdadero
(que no tiene raíz).
El Dador de la Vida
solo se muestra arbitrario.

¡Que nuestros corazones
no tengan tormento!
Porque él es el Dador de la Vida.

13 *Romances de los señores de la Nueva España*, f 19 v - 20 r.

## Solamente él[14]

Solamente él,
el Dador de la Vida.
Vana sabiduría tenía yo,
¿acaso alguien no lo sabía?
¿Acaso alguien no?
No tenía yo contento al lado de la gente.

Realidades preciosas haces llover,
de ti proviene tu felicidad,
¡Dador de la Vida!
Olorosas flores, flores preciosas,
con ansia yo las deseaba,
vana sabiduría tenía yo...

14 *Romances de los señores de la Nueva España*, f 20 r

## ¡Es un puro jade![15]

¡Es un puro jade,
un ancho plumaje
tu corazón, tu palabra,
oh padre nuestro!
¡Tú compadeces al hombre,
tú lo ves con piedad!...
¡Solo por un brevísimo instante
está junto a ti y a tu lado!

Preciosas cual jade brotan
tus flores, oh por quien todo vive;
cual perfumadas flores se perfeccionan,
cual azules guacamayas abren sus corolas...
¡Solo por un brevísimo instante
está junto a ti y a tu lado!

15 *Romances de los señores de la Nueva España*, f 20.

# ¡Ay de mí...![16]

¡Ay de mí:
sea así!
No tengo dicha en la tierra
aquí.

¡Ah, de igual modo nací,
de igual modo fui hecho hombre!
¡Ah, solo el desamparo
he venido a conocer
aquí en el mundo habitado!

¡Que haya aún trato mutuo
aquí, oh amigos míos,
solamente aquí en la tierra!

Mañana o pasado,
como lo quiera el corazón
de aquel por quien todo vive,
nos hemos de ir a su casa,
¡oh amigos, démonos gusto!

16 *Romances de los señores de la Nueva España,* f 20 v - 21 r.

## Comienzo a cantar[17]

Comienzo a cantar:
elevo a la altura
el canto de aquél por quien todo vive.

Canto festivo ha llegado:
viene a alcanzar
al Sumo Arbitro:
oh príncipes,
tómense en préstamo
valiosas flores.

Ya las renueva:
¿cómo lo haré?
Con sus ramos
adórneme yo,
yo lloraré:
soy desdichado
por eso lloro.

Breve instante a tu lado,
oh por quien todo vive:
verdaderamente
tú marcas el destino al hombre
¿Puede haber quién se sienta
sin dicha en la tierra?

Con variadas flores engalanado

17 *Romances de los señores de la Nueva España*, f 22 - 23 r

está enhiesto tu tambor, oh por quien todo
    vive,
con flores, con frescuras
te dan placer los príncipes:
Un breve instante en esta forma
es la mansión de las flores del canto.
Las bellas flores del maíz tostado
están abriendo allí sus corolas;
hace estrépito, gorjea
el pájaro sonaja de quetzal,
del que hace vivir todo:
flores de oro están abriendo su corola.
Un breve instante en esta forma
es la mansión de las flores del canto.

Con colores de ave dorada,
de rojinegra y de roja luciente
matizas tú tus cantos:
con plumas de quetzal ennobleces
a tus amigos águilas y tigres:
los haces valerosos.

¿Quién la piedad ha de alcanzar arriba
en donde se hace uno noble, donde se logra
    gloria?
A tus amigos, águilas y tigres:
Los haces valerosos.

**Pongo enhiesto mi tambor ...**[18]

Pongo enhiesto mi tambor,
congrego a mis amigos:
allí se recrean,
los hago cantar.
Tenemos que irnos así:
recordadlo:
sed felices,
oh amigos.

¿Acaso ahora con calma,
y así ha de ser allá?
¿Acaso también hay calma
allá donde están los sin cuerpo?
Vayamos ...
pero aquí rige la ley de las flores,
pero aquí rige la ley del canto,
aquí en la tierra.
Sed felices,
ataviáos,
oh amigos.

18 *Romances de los señores de la Nueva España*, f 23 v - 24 r.

## Con flores negras veteadas de oro[19]

Con flores negras veteadas de oro
Entrelaza el bello canto.
Con él vienes a engalanar a la gente,
Tú cantor: con variadas flores
revistes a la gente.
Gocen, oh príncipes.

¿Acaso así se vive ahora
y así vive allá en el sitio del misterio?
¿Aún allí hay placer?
¡ah, solamente aquí en la tierra:
con flores se da uno a conocer,
con flores se manifiesta uno,
oh amigo mío!

Engalánate con tus flores,
Flores color de luciente guacamaya,
Brillantes como el sol; con flores del cuervo
Engalanémonos en la tierra,
aquí, pero solo aquí.

Solo un breve instante sea así:
por muy breve tiempo
se tienen en préstamo sus flores.
Ya son llevadas a su casa
y al lugar de los sin cuerpo, también su casa,
y no con eso así han de perecer
nuestra amargura, nuestra tristeza.

19 *Romances de los señores de la Nueva España*, f 24 r y v.

# Tú, ave azul...[20]

Tú, ave azul, tú lúcida guacamaya
andas volando:
Árbitro Sumo por quien todo vive:
tú te estremeces, tú te explayas aquí
de mi casa plena, de mi morada plena,
el sitio es aquí.

Con tu piedad y con tu gracia
puede vivirse, oh autor de vida, en la tierra:
tú te estremeces, tú te explayas aquí:
de mi casa plena, de mi morada plena,
el sitio es aquí.

20 *Romances de los señores de la Nueva España*, f 24 v - 25 r

## Cual joyeles abren sus capullos[21]

Cual joyeles abren sus capullos
tus flores:
rodeadas de follajes de esmeralda.
Están en nuestras manos.
Preciosas olientes flores,
ellas son nuestro atavío.
Solamente las tenemos prestadas
en la tierra.

¡Flores valiosas y bellas
se vayan entreverando
Están en nuestras manos.
Preciosas olientes flores,
ellas son nuestro atavío,
oh príncipes.
Solamente las tenemos prestadas
en la tierra.

Yo me pongo triste
palidezco mortalmente...
¡Allá a su casa, a donde vamos,
oh, ya no hay regreso,
ya nadie retorna acá!...
¡De una vez por todas nos vamos
allá a donde vamos!

¡Pudieran llevarse a su casa
las flores y los cantos!

21 *Romances de los señores de la Nueva España*, f 25 r y v.

Váyame yo adornado
con áureas flores del cuervo,
con bellas flores de aroma.
En nuestras manos están...
Oh ya no hay regreso,
ya nadie retorna acá...
¡De una vez por todas nos vamos
allá a donde vamos!

### Nos atormentamos[22]

Nos atormentamos:
no es aquí nuestra casa de hombres...
allá donde están los sin cuerpo,
allá en su casa...
¡Solo un breve tiempo
y se ha de poner tierra de por medio de aquí a
    allá!

Vivimos en tierra prestada
aquí nosotros los hombres...
allá donde están los sin cuerpo,
allá en su casa...
¡Solo un breve tiempo
y se ha de poner tierra de por medio de aquí a
    allá!

22 *Romances de los señores de la Nueva España*, f 26 r.

## Ponte de pie, percute tu atabal[23]

Ponte de pie, percute tu atabal:
Dese a conocer la amistad.
Tomados sean sus corazones:
solamente aquí tal vez tenemos prestados
nuestros cañutos de tabaco,
nuestras flores.

Ponte de pie, amigo mío,
toma tus flores junto al atabal.

Huya tu amargura,
adórnate con ellas:
han venido a ser alzadas las flores,
se están repartiendo
las flores de oro preciosas.

Bellamente canta aquí
el ave azul, el quetzal, el zorzal:
preside el canto el *quéchol*[24]
le responden todos, sonajas y tambores.

Bebo cacao,
con ello me alegro:
mi corazón goza,
mi corazón es feliz.

¡Llore yo o cante,

23 *Romances de los señores de la Nueva España*, f 37 r - 38 r.
24 Guacamaya.

en el rincón del interior de su casa
pase yo mi vida!

¡Oh ya bebí florido cacao con maíz:
mi corazón llora, está doliente,
solo sufro en la tierra!

¡Todo lo recuerdo:
no tengo placer,
no tengo dicha:
solo sufro en la tierra!

# Ay, solo me debo ir...[25]

Ay, solo me debo ir,
solamente así me iré
allá a su casa...
¿Alguien verá otra vez la desdicha?,
¿alguien ha de ver cesar
la amargura, la angustia del mundo?

Solamente se viene a vivir
la angustia y el dolor
de los que en el mundo viven...
¿alguien ha de ver cesar
la amargura, la angustia del mundo?

25 *Romances de los señores de la Nueva España*, f 26 r.

## Como una pintura nos iremos borrando[26]

¡Oh, tú con flores
pintas las cosas,
Dador de la Vida:
con cantos tú
las metes en tinte,
las matizas de colores:
a todo lo que ha de vivir en la tierra!
Luego queda rota
la orden de águilas y tigres:
¡Solo en tu pintura
hemos vivido aquí en la tierra!

En esta forma tachas e invalidas
la sociedad (de poetas), la hermandad,
la confederación de príncipes.
(Metes en tinta)
matizas de colores
a todo lo que ha de vivir en la tierra.
Luego queda rota
la orden de águilas y tigres:
¡Solo en tu pintura
hemos venido a vivir aquí en la tierra!

Aun en estrado precioso
en caja de jade
puedan hallarse ocultos los príncipes:
de modo igual somos, somos mortales,
los hombres, cuatro a cuatro,

26 *Romances de los señores de la Nueva España*, f 35 r y v.

todos nos iremos,
todos moriremos en la tierra.

Percibo su secreto,
oh vosotros, príncipes:
De modo igual somos, somos mortales,
los hombres, cuatro a cuatro,
todos nos iremos,
todos moriremos en la tierra.

Nadie esmeralda,
nadie oro se volverá,
ni será en la tierra algo que se guarda:
Todos nos iremos
hacia allá igualmente:
nadie quedará, todos han de desaparecer:
de igual modo iremos a su casa.

Como una pintura
nos iremos borrando,
como una flor
hemos de secarnos
sobre la tierra,
cual ropaje de plumas
del quetzal, del zacuán,
del azulejo, iremos pereciendo.
Iremos a su casa.

Llegó hasta acá,
anda ondulando la tristeza
de los que viven ya en el interior de ella...
No se les llore en vano
a águilas y tigres...

¡Aquí iremos desapareciendo:
nadie ha de quedar!

Príncipes, pensadlo,
oh águilas y tigres:
pudiera ser jade,
pudiera ser oro,
también allá irán
donde están los descorporizados.
¡Iremos desapareciendo:
nadie ha de quedar!

# ¡Esmeraldas, oro!...[27]

¡Esmeraldas, oro
tus flores, oh dios!

Solo tu riqueza
oh por quien se vive,
la muerte al filo de obsidiana,
la muerte en guerra.

Con muerte en guerra
os daréis a conocer

Al borde de la guerra, cerca de la hoguera
os dais a conocer.
Polvo de escudos se tiende,
niebla de dardos se tiende.

¿Acaso en verdad
es lugar a darse a conocer
el sitio del misterio?

Solo el renombre,
el señorío
muere en la guerra:
un poco se lleva hacia
el sitio de los descorporizados.
Solo con trepidantes flores
sale...

27 *Romances de los señores de la Nueva España*, f 36 r y v.

# Comienza ya...[28]

Comienza ya, canta ya
entre flores de primavera,
príncipe chichimeca,
el de Acolhuacan.

Deléitate, alégrate,
huya tu hastío, no estés triste...
¿Vendremos otra vez
a pasar por la tierra?
Por breve tiempo
vienen a darse en préstamo
los cantos y las flores del dios.

¡En la casa de las flores comienza
el sartal de cantos floridos:
se entreteje: es tu corazón,
oh cantor!

Oh cantor,
ponte en pie:
tú haces cantar,
tú pones un collar fino
a los de Acolhuacan.
En verdad nunca acabarán las flores,
nunca acabarán los cantos.

Floridamente se alegran nuestros corazones:
Solamente breve tiempo

28  *Romances de los señores de la Nueva España*, f 39 v - 41 r.

aquí en la tierra.
Vienen ya nuestras bellas flores.
Gózate aquí, oh cantor,
entre flores primaverales:
Vienen ya nuestras bellas flores.

Se van nuestras flores:
nuestros ramilletes,
nuestras guirnaldas
aquí en la tierra...
¡Pero solo aquí!

Debemos dejar
la ciudad, oh príncipes chichimecas:
No llevaré flores,
no llevaré bellos cantos
de aquí de la tierra...
¡Pero solo aquí!

Donde es el reparto, donde es el reparto
vino a erguirse el Árbol Florido:
con él se alegra, e irrumpe
mi hermoso canto.

Ya esparzo nuestros cantos,
se van repartiendo:
tú con quien vivo,
estás triste:
¡Que se disipe tu hastío!
¡Ya no esté pensativo tu corazón!
¡Con cantos engalanaos!

## Los cantos son nuestro atavío[29]

Como si fueran flores
los cantos son nuestro atavío,
oh amigos:
con ellos venimos a vivir en la tierra.

Verdadero es nuestro canto,
verdaderas nuestras flores
el hermoso canto.
Aunque sea jade,
aunque sea oro,
ancho plumaje de quetzal...
¡Que lo haga yo durar aquí junto al tambor!
¿Ha de desaparecer acaso
nuestra muerte en la tierra?
Yo soy cantor:
que así sea.

Con cantos nos alegramos,
nos ataviamos con flores aquí
¿En verdad lo comprende nuestro corazón?
¡Eso hemos de dejarlo al irnos:
por eso lloro, me pongo triste!

Con flores aquí
se entreteje la nobleza
la amistad.
Gocemos con ellas
casa universal suya es la tierra.

29 *Romances de los señores de la Nueva España*, f 41 r - 42 r.

¿En el sitio de lo misterioso aún
habrá de ser así?
Ya no como aquí en la tierra:
las flores, los cantos
solamente aquí perduran.

Solamente aquí una vez
haya galas de uno a otro.
¿Quién es conocido así allá?
¿Aún de verdad hay allá vida?

¡Ya no hay allá tristeza,
allá no recuerdan nada... ay!
¿Es verdad nuestra casa:
también allá vivimos?

## Mientras que con escudos...[30]

Mientras que con escudos
pasan el día los príncipes,
no ahora se asegunde.
(Vuestra riqueza) vuestra dicha
es la guerra.
Ya va Cuauhtecohuazin,
conoce al dios.

30 *Romances de los señores de la Nueva España*, f 42 r y v.

# Esmeraldas, turquesas[31]

Esmeraldas
turquesas,
son tu greda y tu pluma,
¡oh por quien todo vive!

Ya se sienten felices
los príncipes,
con florida muerte a filo obsidiana,
con la muerte en la guerra.

31 *Romances de los señores de la Nueva España*, f 42 v.

# Canto de primavera[32]

En la casa de las pinturas
comienza a cantar,
ensaya el canto,
derrama flores,
alegra el canto.

Resuena el canto,
los cascabeles se hacen oír,
a ellos responden
nuestras sonajas floridas.
Derrama flores,
alegra el canto.

Sobre las flores canta
el hermoso faisán,
su canto despliega
en el interior de las aguas.
A él responden
variados pájaros rojos,
el hermoso pájaro rojo
bellamente canta.

Libro de pinturas es tu corazón
has venido a cantar,
haces resonar tus tambores,
tú eres el cantor.
En el interior de la casa de la primavera
alegras a las gentes

32 *Romances de los señores de la Nueva España*, f 38 v - 39 r.

Tú solo repartes
flores que embriagan
flores preciosas.
Tú eres el cantor.

En el interior de la casa de la primavera,
alegras a las gentes.

# He llegado aquí: soy Yoyontzin[33]

He llegado aquí: soy Yoyontzin.
Solo flores anhelo,
he venido a estar cortando flores en la tierra.
Ya corto aquí las valiosas flores,
ya corto flores de amistad.

Unido con tu persona, oh príncipe,
yo soy Nezahualcóyotl, el rey, soy Yoyontzin.
Solo vengo a buscar presuroso
tu hermoso canto,
y así también con él busco a los amigos.
Haya aquí alegría,
demuéstrese la amistad.

Un breve tiempo me deleito,
un breve tiempo se alegra
mi corazón en la tierra.
Yo soy Yoyontzin:
flores anhelo.
Me vivo con cantos floridos
Mucho quiero y deseo
la hermandad, la nobleza.
Anhelo cantos: me vivo con cantos floridos.

Como el jade,
como un collar rico
como ancho plumaje de quetzal,
estimo tu canto al Dador de Vida,

33 *Cantares mexicanos*, f 18 v - 19 r.

con él, me gozo,
con él bailo entre los atabales
en la florida casa de primavera.
Yo, Yoyontzin. Mi corazón lo goza.
Tañe bellamente
tu tambor florido tú, cantor;
espárzanse flores perfumadas y blancas
y flores preciosas se derramen.

# Canto de la huida[34]

De Nezahualcóyotl cuando andaba huyendo del señor de Azcapotzalco.

En vano he nacido,
en vano he venido a salir
de la casa del dios a la tierra,
¡yo soy menesteroso!
Ojalá en verdad no hubiera salido,
que de verdad no hubiera venido a la tierra.
No lo digo, pero...
¿qué es lo que haré?,
¡oh príncipes que aquí habéis venido!
¿vivo frente al rostro de la gente?,
¿qué podrá ser?,
¡reflexiona!

¿Habré de erguirme sobre la tierra?
¿Cuál es mi destino?,
yo soy menesteroso,
mi corazón padece,
tú eres apenas mi amigo
en la tierra, aquí.

¿Cómo hay que vivir al lado de la gente?
¿Obra desconsideradamente,
vive, el que sostiene y eleva a los hombres?

¡Vive en paz,
pasa la vida en calma!

34 *Romances de los señores de la Nueva España*, f 21 r - 22 v.

Me he doblegado,
solo vivo con la cabeza inclinada
al lado de la gente.
Por eso me aflijo,
¡soy desdichado!,
he quedado abandonado
al lado de la gente en la tierra.

¿Cómo lo determina tu corazón,
Dador de la Vida?
¡Salga ya tu disgusto!
Extiende tu compasión,
estoy a tu lado, tú eres dios.
¿Acaso quieres darme la muerte?

¿Es verdad que nos alegramos,
que vivimos sobre la tierra?
No es cierto que vivimos
y hemos venido a alegrarnos en la tierra.
Todos así somos menesterosos.
La amargura predice el destino
aquí, al lado de la gente.

Que no se angustie mi corazón.
No reflexiones ya más
verdaderamente apenas
de mí mismo tengo compasión en la tierra.

Ha venido a crecer la amargura,
junto a ti a tu lado, Dador de la Vida.
Solamente yo busco,
recuerdo a nuestros amigos.

¿Acaso vendrán una vez más,
acaso volverán a vivir?
Solo una vez perecemos,
solo una vez aquí en la tierra.
¡Que no sufran sus corazones!,
junto y al lado del Dador de la Vida.

# Estoy embriagado[35]

Estoy embriagado, lloro, me aflijo,
pienso, digo,
en mi interior lo encuentro:
si yo nunca muriera,
si nunca desapareciera.
Allá donde no hay muerte,
allá donde ella es conquistada,
que allá vaya yo...
Si yo nunca muriera,
si yo nunca desapareciera.

35 *Cantares mexicanos*, f 14 v.

## Memoria de los reyes[36]

Con lágrimas de flores de tristeza,
con que mi cantar se engalana,
yo cantor hago memoria de los nobles:
los que fueron quebrantados, como un tiesto,
los que fueron sometidos a la fatiga,
allá en el lugar de los Despojados de su Carne.
Ellos vinieron a ser reyes, vinieron a tener
    mando
sobre la tierra:
plumas finas, se ajaron y palidecieron,
esmeraldas finas, se ajaron y palidecieron,
esmeraldas, añicos se hicieron.

¡Sean ya en su presencia,
sean conocidos y vistos, los nobles,
fue vista en la tierra la ciencia del Dueño del
    Mundo!

Ay, canto tristes cantos,
hago memoria de los nobles.
Si volviera a estar yo junto a ellos,
si viniera yo a su encuentro,
¡allá en el Lugar de los Despojados de su
    Carne!
Vengan por segunda vez a la tierra de los
    nobles,
vengan a dar gloria aún al que nosotros
    engrandecemos,

36 *Cantares mexicanos*, f 4 r.

ellos también dieron culto al Dador de la
    Vida.
¡Felices nosotros, oh vasallos, si
    aprendiéramos
así, lo que por carencia de ellos nos ha hechos
    perversos!
Por eso llora mi corazón,
pongo en orden y concierto en mi
    pensamiento,
yo cantor, con llanto, con tristeza hago
    memoria.
Ojalá supiera yo al menos que me oyen;
un hermoso canto para ellos entono,
¡allá en el Lugar de los Despojados de Carne!
¡Si yo les diera alegría, con él,
si con él yo aliviara la pena de los nobles!
¿Podré saberlo, acaso? ¿Y cómo?
¿Por mucho que me esfuerce diligente,
en ningún tiempo iré a estar en pos de ellos;
no en vez alguna llegaré a conversar con ellos
como acá en la tierra?

### Ido que seas de esta presente vida...[37]

Oíd lo que dice el rey Nezahualcoyotzin, en sus lamentaciones sobre las calamidades y persecuciones que han de padecer sus reinos y señoríos:

> Ido que seas de esta presente vida a la otra,
> oh rey Yoyontzin,
> vendrá tiempo que serán deshechos y
>     destrozados tus vasallos,
> quedando todas tus cosas en las tinieblas del
>     olvido:
> entonces, de verdad,
> no estará en tu mano el señorío y mando,
> sino en la de Dios.
> Y esto digo:
> «Entonces serán las aflicciones, las miserias y
>     persecuciones
> que padecerán tus hijos y nietos;
> y llorosos se acordarán de ti,
> viendo que los dejaste huérfanos
> en servicio de otros extraños
> en su misma patria Acolhuacan;
> porque en esto vienen a parar los mandos,
>     imperios y señoríos,
> que duran poco y son de poca estabilidad.
> Lo de esta vida es prestado,
> que en un instante lo hemos de dejar
> como otros lo han dejado,
> pues los señores Zihuapantzin,
>     Acolnahuacatzin y Quauhtzontezoma,

37 *Historia chichimeca*, traducción de Alva Ixtlilxochitl.

que siempre te acompañaban,
ya no los ves en estos breves gustos.

# En tal año como éste...[38]

En tal año como éste,
se destruirá este templo, que ahora se estrena
¿quién se hallará presente?
¿Si será mi hijo o mi nieto?,
entonces irá a disminución la tierra,
y se acabarán los señores,
de suerte que el maguey siendo pequeño y sin
    razón, será talado;
los árboles siendo pequeños darán fruto
y la tierra defectuosa siempre ira a menos;
entonces la malicia, deleites y sensualidad,
estarán en su punto,
dándose a ellos desde su tierna edad los
    hombres y mujeres;
y unos a otros se robarán las haciendas.
Sucederán cosas prodigiosas:
las aves hablarán ya,
y en este tiempo llegará el árbol de la luz,
y de la salud y sustento.
Para librar a vuestros hijos de estos vicios y
    calamidades,
haced que desde niños se den a la virtud y
    trabajos.

38 *Historia chichimeca*, traducción de Alva Ixtlilxochitl.

# Ya se disponen aquí nuestros tambores[39]

Preludio de un poeta

> Ya se disponen aquí nuestros tambores:
> ya hago bailar a águilas y tigres.
>
> Ya estás aquí en pie, Flor del Canto.
> Yo busco cantos: son nuestra dicha.
>
> Oh príncipe mío, Nezahualcóyotl,
> Ya te fuiste a la región de los muertos,
> al lugar de la incierta existencia:
> ya para siempre estás allí.

Nezahualcóyotl

> Al fin allá, al fin allá:
> Yo Nezahualcóyotl llorando estoy.
> ¿Cómo he de irme y de perderme en la región
>   de los muertos?
> Ya te dejo, mi dios por quien se vive:
> tú me lo mandas: he de irme y perderme
> en la región de los muertos.
>
> ¿Cómo quedara la tierra de Acolhuacan?
>
> ¿Alguna vez acaso has de dispersar a tus
>   vasallos?
> Ya te dejo, mi dios por quien todo vive:

39  *Cantares mexicanos*, f 28 v - 29 r.

tú me lo mandas: he de irme y perderme
en la región de los muertos.

Canto de otro poeta

Solo los cantos son nuestro atavío:
destruyen nuestros libros los jefes guerreros:
Haya aquí gozo:
nadie tiene su casa en la tierra:
tenemos que dejar las fragantes y olorosas
    flores.

Nadie dará término a tu dicha,
oh tú, por quien todo vive.
Mi corazón lo sabe: por breve tiempo,
tienes todo prestado, oh Nezahualcoyotzin.
No se viene aquí por dos veces:
nadie tiene su casa en la tierra,
no por segunda vez venimos a la tierra.

Yo cantor lloro al recordar a Nezahualcóyotl.

Monólogo de Nezahualcóyotl

Hay cantos floridos; que se diga
yo bebo flores que embriagan,
ya llegaron las flores que causan vértigo,
ven y serás glorificado.

Ya llegaron aquí las flores en ramillete:
son flores de placer que se esparcen,
llueven y se entrelazan diversas flores.

Ya retumba el tambor: sea el baile:
con bellas flores narcóticas se tiñe mi corazón.

Yo soy cantor: flores para esparcirlas
yo las voy tomando: gozad.

Dentro de mi corazón se quiebra la flor del
    canto:
ya estoy esparciendo flores.

Con cantos alguna vez me he de amortajar,
con flores mi corazón ha de ser entrelazado:
¡son los príncipes, los reyes!
Por eso lloro a veces y digo:

La fama de mis flores, el renombre de mis
    cantos,
dejaré abandonados alguna vez:
con flores mi corazón ha de ser entrelazado:
¡Son los príncipes, los reyes!

# Soy rico[40]

Soy rico,
yo, el señor Nezahualcóyotl.
Reúno el collar,
los anchos plumajes de quetzal,
por experiencia conozco los jades,
¡son los príncipes amigos!
Me fijo en sus rostros,
por todas partes águilas y tigres,
por experiencia conozco los jades,
las ajorcas preciosas...

40 *Cantares mexicanos*, f 16 v.

# Estoy triste[41]

Estoy triste, me aflijo,
yo, el señor Nezahualcóyotl.
Con flores y con cantos
recuerdas a los príncipes,
a los que se fueron,
a Tezozomoctzin, a Quaquauhtzin.

En verdad viven,
allá en donde de algún modo se existe.
¡Ojalá pudiera yo seguir a los príncipes,
llevarles nuestras flores!
¡Si pudiera yo hacer míos
los hermosos cantes de Tezozomoctzin!
Jamás perecerá tu nombre,
¡oh mi señor, tú, Tezozomoctzin!
Así, echando de menos tus cantos,
me he venido a afligir,
solo he venido a quedar triste,
yo a mí mismo me desgarro.

He venido a estar triste, me aflijo.
Ya no estás aquí, ya no,
en la región donde de algún modo se existe,
nos dejaste sin provisión en la tierra,
por esto, a mí mismo me desgarro.

41 *Cantares mexicanos*, f 25 r y v.

# Percibo lo secreto...[42]

Percibo lo secreto, lo oculto:
¡oh vosotros señores!
Así somos, somos mortales,
de cuatro en cuatro nosotros los hombres,
todos habremos de irnos,
todos habremos de morir en la tierra...

Nadie en jade,
nadie en oro se convertirá:
En la tierra quedará guardado
todos nos iremos
allá, de igual modo.
Nadie quedará,
conjuntamente habrá que perecer,
nosotros iremos así a su casa.

Como una pintura
nos iremos borrando.
Como una flor,
nos iremos secando
aquí sobre la tierra.
Como vestidura de plumaje de ave zacuán,
de la preciosa ave de cuello de hule,
nos iremos acabando
nos vamos a su casa.

Se acercó aquí
hace giros la tristeza

42 *Romances de los señores de la Nueva España*, f 36 r.

de los que en su interior viven...
Meditadlo, señores,
águilas y tigres,
aunque fuerais de jade,
aunque allá iréis,
al lugar de los descarnados...
Tendremos que desaparecer
nadie habrá de quedar.

# Lo comprende mi corazón[43]


Por fin lo comprende mi corazón:
escucho un canto,
contemplo una flor:
¡Ojalá no se marchiten!


43 *Romances de los señores de la Nueva España*, f 19 v.

## Con flores escribes...[44]

Con flores escribes, Dador de la Vida,
con cantos das color,
con cantos sombreas
a los que han de vivir en la tierra.
Después destruirás a águilas y tigres,
solo en tu libro de pinturas vivimos,
aquí sobre la tierra.
Con tinta negra borrarás
lo que fue la hermandad,
la comunidad, la nobleza.
Tú sombreas a los que han de vivir en la
     tierra.

44 *Romances de los señores de la Nueva España*, f 35 r.

# En el interior del cielo[45]

Solo allá en el interior del cielo
tú inventas tu palabra,
¡Dador de la Vida!
¿Qué determinarás?
¿Tendrás fastidio aquí?
¿Ocultarás tu fama y tu gloria en la tierra?
¿Qué determinarás?
Nadie puede ser amigo
del Dador de la Vida...
Amigos, águilas, tigres,
¿a dónde en verdad iremos?
Mal hacemos las cosas, oh amigo.
Por ello no así te aflijas,
eso nos enferma, nos causa la muerte.
Esforzaos, todos tendremos que ir
a la región del misterio.

45 *Cantares mexicanos*, f 13 v.

# No en parte alguna...[46]

No en parte alguna puede estar la casa del
　　inventor de sí mismo.
Dios, el señor nuestro, por todas partes es
　　invocado,
por todas partes es también venerado.
Se busca su gloria, su fama en la tierra.
Él es quien inventa las cosas,
él es quien se inventa a sí mismo: Dios.
Por todas partes es invocado,
por todas partes es también venerado.
Se busca su gloria, su fama en la tierra.

Nadie puede aquí
nadie puede ser amigo
del Dador de la Vida:
Solo es invocado,
a su lado,
junto a él,
se puede vivir en la tierra.

El que lo encuentra,
tan solo sabe bien esto: él es invocado,
a su lado, junto a él,
se puede vivir en la tierra.

Nadie en verdad
es tu amigo,
¡oh Dador de la Vida!

46 *Romances de los señores de la Nueva España*, f 4 v - 5 v.

Solo como si entre las flores
buscáramos a alguien,
así te buscamos,
nosotros que vivimos en la tierra,
mientras estamos a tu lado.
Se hastiará tu corazón.
Solo por poco tiempo
estaremos junto a ti a tu lado.

No enloquece el Dador de la Vida,
nos embriaga aquí.
Nadie puede estar acaso a su lado,
tener éxito, reinar en la tierra.

Solo tú alteras las cosas,
como lo sabe nuestro corazón:
Nadie puede estar acaso a su lado,
tener éxito, reinar en la tierra.

# Qué es la poesía[47]

Lo he comprendido al fin:
oigo un canto: veo una flor:
¡oh, que jamás se marchiten!

47 *Romances de los señores de la Nueva España.*

## Sed de inmortalidad[48]

Me siento fuera de sentido,
lloro, me aflijo y pienso,
digo y recuerdo:
¡Oh, si nunca yo muriera,
si nunca desapareciera!...
¡Vaya yo donde no hay muerte,
donde se alcanza victoria!
Oh, si nunca yo muriera,
si nunca desapareciera...

48  *Cantares mexicanos*, f 17 v.

# Dolor del canto[49]

Oye un canto mi corazón:
me opongo a llorar: me lleno de dolor.
Nos vamos entre flores:
tenemos que dejar esta tierra:
estamos prestados unos a otros:
¡iremos a la Casa del Sol!
Póngame yo un collar de variadas flores:
en mis manos estén:
¡florezcan en mis guirnaldas!
Tenemos que dejar esta tierra:
estamos prestados unos a otros:
¡nos vamos a la Casa del Sol!

49  *Romances de los señores de la Nueva España.*

# Libros a la carta

A la carta es un servicio especializado para
empresas,
librerías,
bibliotecas,
editoriales
y centros de enseñanza;
y permite confeccionar libros que, por su formato y concepción, sirven a los propósitos más específicos de estas instituciones.

Las empresas nos encargan ediciones personalizadas para marketing editorial o para regalos institucionales. Y los interesados solicitan, a título personal, ediciones antiguas, o no disponibles en el mercado; y las acompañan con notas y comentarios críticos.

Las ediciones tienen como apoyo un libro de estilo con todo tipo de referencias sobre los criterios de tratamiento tipográfico aplicados a nuestros libros que puede ser consultado en Linkgua-ediciones.com.

Linkgua edita por encargo diferentes versiones de una misma obra con distintos tratamientos ortotipográficos (actualizaciones de carácter divulgativo de un clásico, o versiones estrictamente fieles a la edición original de referencia).

Este servicio de ediciones a la carta le permitirá, si usted se dedica a la enseñanza, tener una forma de hacer pública su interpretación de un texto y, sobre una versión digitalizada «base», usted podrá introducir interpretaciones del texto fuente. Es un tópico que los profesores denuncien en clase los desmanes de una edición, o vayan comentando errores de interpretación de un texto y esta es una solución útil a esa necesidad del mundo académico.

Asimismo publicamos de manera sistemática, en un mismo catálogo, tesis doctorales y actas de congresos académicos, que son distribuidas a través de nuestra Web.

El servicio de «libros a la carta» funciona de dos formas.

1. Tenemos un fondo de libros digitalizados que usted puede personalizar en tiradas de al menos cinco ejemplares. Estas personalizaciones pueden ser de todo tipo: añadir notas de clase para uso de un grupo de estudiantes, introducir logos corporativos para uso con fines de marketing empresarial, etc. etc.

2. Buscamos libros descatalogados de otras editoriales y los reeditamos en tiradas cortas a petición de un cliente.